北大路 BOOKLET 03

教育関係者が知っておきたいメディア対応

学校の「万が一」に備えて

阪根健二

北大路書房

● はじめに

　子どもたちの自殺が相次ぎました。そして、文部科学省や各地の教育委員会に自殺予告の手紙が次々と届いたのです。この一連の動きは、2006年から2007年において集中的に発生しました。当初、学校や教育委員会の対応のまずさを指摘する過熱報道が目についたのですが、その後、そのような報道も「自殺」を誘発した要因なのではないかという指摘も出てきました。「連鎖」の原因はメディアではないかという声なのです。確かに、メディアは自殺などの予防や抑止に効果がある一方で、過剰な報道が「連鎖」や「風評」を生み出す可能性も否定できません。その後者の可能性から、教育関係者とメディアとの関係は、さらに険悪な雰囲気になっていったのです。

　そして、そういった雰囲気が教育現場におけるメディア対応を一層難しくしているのが実態です。この悪循環は大きな問題であるといえるでしょう。今まで教育現場では、報道の影響力もはかりながらの手探り的な対応が続いてきたのですが、今や、自分の学校や地域で事件や事故が発生した場合、いかに対応すればよいのかを真剣に考える時代になりました。

　そのような危機意識をもたれた校長会等の要請で、各地に講演に行く機会が増えています。「メディアへの対応について話してほしい」と言われます。講演前に控室で担当の方と話をしていると、「新聞が怖い」「テレビが怖い」「記者が来られると困る」という現場の声を打ち明けてくださいます。そのような話の中に、学校が感じている圧力が表れているように思います。しかし、萎縮すればするほど、さらに悪循環に入っていくのではないかと心配になります。

　大きな事件が起こっても、一定のスタンスで対処できれば、対応に若干の失敗があっても早期解決に向か

1

います。しかし、そのスタンスがないと、なぜか問題がずるずると長引き、最終的には誰かが責任をとるという形になってしまい、結局は本質的な解決がなされないのが実態なのです。

では、これはメディア側に問題があるのでしょうか？　いえ、むしろ、実は学校側の対応に問題があったのです。ちょっとした対応の"ズレ"があっただけなのですが、それが命取りになったのです。ここでは、そういった悪循環に陥らないよう、大事なスタンスを示しておきたいと考えました。

第Ⅰ部では、まず、なぜ筆者がこのようなスタンスに立つに至ったのかを紹介し、その上で「メディアを知る」「メディアとつきあう」「メディアとわたりあう」「メディアと共同する」ためのメディアの特性に即した学校の対応を促すためです。第Ⅱ部では、その実践知を裏付けるメディア関係者との対話を2編、提示します。ひとつは、地方紙の若き敏腕記者との対話であり、もうひとつは、全国紙の支局長との対話です。第Ⅰ部の実践知が、メディア関係者の語りとしっかり重なるものであることを、わかっていただけると思います。

2

●もくじ

はじめに 1

第Ⅰ部　メディアに対応するための実践知

1　筆者のスタンスの由来 ……… 5

2　メディアを知る ……… 7
メディアは学校よりも家庭の側に立つ
新聞はまず結論から書く
メディアは締め切り時間がいのち
テレビの取材の特徴を知る
インターネット上の言説に対応する

3　メディアとつきあう ……… 16
取材記者は誰でもわかることでも聞く
記事の表記が学校側の意図と違っている理由
メディアリリースは適切な分量で
記者との人間関係づくり
メディアリリースのポイント

4　メディアとわたりあう ……… 22
初期対応と記者会見
メディアリリースと想定問答
守秘義務とオフレコ

信頼をもとに事態に共通でたちむかう
失敗例に共通する3つのポイント
事例から学ぶ（1）
事例から学ぶ（2）

5 記事と記者から学ぶ ………… 33
説明責任を果たす
積極的なNIEを

第Ⅱ部　メディアとの対話

1　黒島記者との対談 ………… 41
ぶつかり合いから始まった信頼関係
信頼関係をもった緊張関係
クールな取材とホットな記事
何を言っているのかわからないのはまずい
危機対応のスタンスが大事
専門の広報担当者の必要性について
メディアも多様
学校とメディアの今後のあり方

2　久門支局長との対談 ………… 51
全国紙と地方紙の違い
もし教育関係の事件が飛び込んできたら
メディアの特性を知る

おわりに　58

4

第Ⅰ部 メディアに対応するための実践知

1 筆者のスタンスの由来

なぜ筆者がメディア対応について詳しいのか、まず紹介しておかないと、本書の内容に、真実味がわかないでしょう。

実は、筆者は報道関係者（新聞記者）の家庭で育ちました。父は、地方新聞社（四国新聞社、香川県）の記者から最終的に専務まで務め、生を全うした人物です。まさに、記者の現場から新聞社経営の場までですから、メディアの世界の隅々と言っていいでしょう。職業柄、仕事内容の詳細は家族といえども話しませんでしたが、緊張感あふれた雰囲気は日常的に伝わってきました。筆者が幼少の頃から、新聞記者とはどういった心理状況で、どのような取材をしているのか身近に感じていました。その経験が、今の自分のスタンスを形成し、筆者のメディア対応の大きな力となっています。

ジャーナリズムは過酷な世界です。ペンの力は絶大と言いながらも、周囲に配慮する必要もあり、ジャーナリスト精神を貫き通す難しさは、子ども心にも感じられました。今でも記憶に残る場面があります。父が論説委員だった頃、安保闘争などで国情は不安定でした。だからこそ、父は政府の施策を批判的に見つめ、

鋭い社説を書いていたのです。もちろん、その反響は大きく、父へのプレッシャーは相当あったようです。地方新聞ですから、地元の保守系議員や有力者との関係は無視できません。しかし、中立や正義を貫く場合でも、人から少々の批判を受けることは当然という粛々とした態度で、ペンを執っている父の姿が忘れられません。また、ありがたいことに、当時の社主は保守系の有力議員でありながら、ジャーナリストとしての父の姿勢を精いっぱいバックアップしていました。敬服すべき度量です。

その頃の筆者の年齢ではまだ言語化できなかったのですが、後になって、メディアの中立性がいかなるものかわかるようになりました。メディアの中立性とは、決して双方の中間地点に立つことではないと。あえて主張の弱いほうに近い立場に立たないと、強く主張できる側（たとえば為政者側）に寄ってしまう引力があるからなのです。強い側への健全な批判力をもたないと、ジャーナリストたりえないのです。

このように、メディアが権力に近い側に立つ。そこに立っていては、中立は保障できないのです。そのような理解そのものがメディア対応にはまず必要なのであり、それがあれば誤った対応に陥らず、学校側のスタンスをより明確にできると思うのです。

さて、父の仕事の話に戻りましょう。

先ほどの論説では、父は当時の内閣に対して「総辞職すべき」と書きました。案の定、地元与党県連から強烈な批判がありました。しかし、社主は「新聞が権力を批判するのは当たり前」と言って、父を擁護したのです。この話を父から聞いたのは、私が教員になったあとでした。そして、そのような武勇伝だけではなく、小さな交通事故のニュースや訃報なども大切にしたと聞かされました。その大小のギャップに驚いたのですが、父は「記事のインパクトにかかわらず、その記事の向こうに、取材する人、される人がいるのだ」と言いたかったのでしょう。「記事の背景にさまざまな人の思いがあって、新聞は血の通った人間が織りな

すものなのだ」と。

 子どもの頃の筆者は、父の過酷な仕事を見るにつけ、自分は父と対極側の業種に就きたいと思うようになりました。模索の結果選んだのが、教育の世界だったのです。ところが、実際に教育現場に就職し、学校勤務を重ねる中で、実はジャーナリズムと教職に共通することが多いことに気づいたのです。いずれも、常に「事実」「価値」「文化」の検証をしながら、それを誰かに伝える仕事であり、人と人が相互に織りなす仕事なのです。そして、ジャーナリストと教育関係者が、そこにある共通性を理解できないことから、対立が起こっていることにも気づきました。

 その後、職員団体の委員長、県教育委員会指導主事などの職責を負うことで、さまざまな教育問題や事件に直面し、記者会見もたびたび経験しました。メディア対応の仕事において、そこに厳しい現実が待っていても、メディアと学校の双方の価値や文化の相違点を埋め、共通点に立つことで、その後のダメージ・コントロールができたように感じています。本書で、さまざまな実践知を述べますが、メディア対応は決してテクニックではないのです。互いの理解から始まるのです。

2 メディアを知る

◆メディアは学校よりも家庭の側に立つ

 メディアの中立性というのは、決して中間点に立つことではないということは、前述したとおりです。これは意外と認識されていません。つまり、教育関係者が思う中立とは明らかに違っているから、そこで齟齬

が生じるのです。

「国民感情、県民（住民）意識から」という言い回しがメディアで使用されます。これは「庶民感覚」と同じ意味であり、権力側ではなく社会的に弱い側に立つというメディアの基本的スタンスなのです。言い方を換えれば、あえてその立場に立っていると言っても過言ではないでしょう。そうしないと強い側に引っぱられるのであり、現在の記者クラブ制度の課題もここにあります。

実は、教育の場においても同じスタンスが必要な場面があります。いじめ対応の場面です。筆者は「いじめられっ子に非ばなし」と考えています。いじめる子といじめられる子の2者があるとき、教師は双方の声を聞くことはあえて公平にする必要はないのです。いじめる側は必ずなんらかの「ちから」を持っていて、いじめられる側はその「ちから」を持っていないことを意識する必要があります。たとえ、教師がどんなに双方の真ん中に立っているつもりでも、いじめる側に寄ってしまう、あるいは寄っているように見えてしまうのです。いじめ対応での中立というのは、いじめられる側に寄ったとき、はじめて保障されると思うのです。

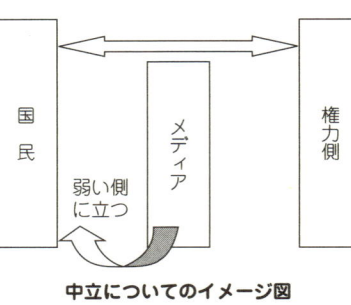

中立についてのイメージ図

> メディアにとって、学校は強い側である。
> だからこそ
> メディアは学校に批判的な場合が多い。
> 批判を受けて自己改革できる一定の強さがあると認められているからこそ、問題が起これば学校側は批判される立場であることを知っておきたい。

当然です。しかしその場合、

ここまで言えばもうおわかりでしょう。学校というのはある種、権力側なのです。強いという信頼を受けている側なのです。だからこそメディアは、権力側の学校に対し、批判的な視点から取材するのです。「メディアが学校側ばかり批判する、なぜ自分たちだけこんなに批判されるのだ」というのが多くの教師の被害感情でしょう。しかし、そこには教師への恨みとかがあるのではなく、それがメディアの当然のスタンスであると理解するべきでしょう。

いわば、教師側は、批判を受けて自己改革できる一定の強さがあると認められているからこそ、問題が起これば大きく批判される立場であるということを知っておいてほしいのです。この前提があれば、教師側も冷静な対応がとれると思うのです。わかりやすく言えば、批判されることを嫌だと思っているうちは認識不足であり、もともと批判される立場だと自覚して対応すべきなのです。ただし、多くの教師は、批判される経験があまり多くないかもしれません。批判への抵抗力がなく、そこが弱さかもしれません。批判にへこまず、むしろ成長の契機にできることが求められているのです。

◆ **新聞はまず結論から書く**

「記者がきちんと取材してくれない」とか「取材したのと違う間違った報道が目につく」という不満を、教師から聞くことがあります。そこにも誤解があります。新聞記事を例にとりましょう。新聞記事は逆三角形構造なのです。「アンチ・クライマックス」という流れです。記事の最も大切なことは冒頭に書いてあり、それを後段で修飾するという形式です。

では、これを証明しましょう。よろしければ、新聞から、どの記事でも結構ですから選んでください。できる限り長い記事を使うといいですね。では、その記事を切り抜きましょう。

まず、その記事の最終段落ひとつを切り取ってください。これで記事内容はわかりますか。問題ないですね。では、もうひとつ。同様に、どんどん切り取ってください。それでもわかりますね。最後に見出しと1段目だけ残りました。これだけでも記事の内容がなんとか理解できますね。

新聞記事というのは、見出しと最初の段（リード）さえあれば、わかるように書いてあるのです。これを逆三角形構造と言います。

なぜこういった形式なのかといえば、それは新聞社の編集方針で変わりますが、知らせたいことを簡潔に書くことが記事の使命であるならば、自然にこういった形式になるわけです。

もうひとつ理由があります。取材記者が記事を編集局に放り込むときに、字数や行数を決めてあるのかというと、そうではないからです。コラムや論説のように、事前に字数などを決めてある場合は別です。事件などがあると、取材記者は原稿を何百字分か書きますが、それが編集局（整理部）に入稿され、紙面割り（編集）という作業が行われます。その作業過程で、必要に応じて、記事の後ろの段落からどんどん切っていくわけなのです。その段階でいちいち要約しようという時間などはないのですから、この方法が一番いいのです。

たとえば、「某国でミサイル発射」という外電が突然飛び込んできたとしましょう。その記事をなんとか入れ込むために、すでにあるいくつもの記事を刈り込んで、スペースを作らないといけないわけです。その場合、今までの記事を後ろから切っていけばスムーズですね。だから新聞記事というのは、アンチ・クライマックスの構成になっているのです。記者が書いた記事のすべてが載るわけではないのです。

```
　大切なことは、始めに！

　ここは説明部分
（関係者のコメントは
　　ここに多い）
```

新聞記事の逆三角形構造

第Ⅰ部　メディアに対応するための実践知　10

> 編集作業の都合から、記事原稿は結論が先に来ており、末尾文から徐々に削除してもわかるように書かれている。
> だからこそ
> 取材に対しては、まず、書いてほしいことを簡潔に伝えないといけない。
> 書いてほしいことが載らなかったのは、編集段階の削除のためであり、取材記者のせいではない。

　ここから、学校の戸惑いの理由もみえてきます。学校から行事などを取材してほしいと依頼した場合、記者に一生懸命説明したのに、それがなかなか伝わらず、すべてが載らないという声をよく聞きます。教育の世界はクライマックスの文化であり、授業でも大切なことを後回しにして考えさせたり、過程を重視したりする文化ですから、教師はまわりくどい説明をすることが多いようです。ですから、載せてほしいことをしっかりと取材記者に知らせないと、結果的に掲載されないことがあるのです。

　学校からの説明は、往々にして起承転結的な流れでなされます。あ、それとこういうこともあって、けれども最終的にこうした。取材でのあるべき対応ははっきりしています。たとえば、田植え体験の取り組みを取材してほしいのですが、取材のあるべき対応ははっきりしています。たとえば、田植え体験の取り組みを取材してほしいと思っています。「こういう理由で、それでこういうことがあって」とか、だらだら言う傾向が強いのです。昨今の説明責任が求められる時代に、児童などの企画性や動きをしっかりとPRしたいという意識が強いのです。しかし、インタビューを受けた教師が、「子どもたちが田んぼで楽しんでいます……」などと説明してしまうと、結局、最後の大切な説明は載らないことが多いようです。こんな特徴がある実践です……。

　大切なことは、冒頭でしっかりと説明しないといけないのです。

　学校が意図したことと全然違う記事になっている場合、実は説明した学校側に問題が多くあると思われま

す。新聞記者はちゃんと書いているはずです。あるいは、新聞記者がアンチ・クライマックス的な枠組みで受けとめた場合に、取材の結果、教師が何を言いたかったのかわからなくなってしまい、最終的に書けなかったということもあるでしょう。そういうズレがあるということ、そして、記者が書いた記事がすべて載るわけではないということを知ることも大事でしょう。

◆メディアは締め切り時間がいのち

どのメディアにとっても、締め切り時間は重要です。どこで取材に折り合いをつけ、どこまで報道するかは締め切り時間次第で、その際の余裕が記事の内容に大きく影響します。

新聞社の多くは、深夜2時頃が締め切りでしょう。もちろん、これは新聞社によって違います。地方新聞社のほうが若干遅いでしょう。夕刊となると、お昼頃が締め切りです。

この締め切りにかかわって、面白い話題があります。アテネオリンピック女子マラソンは、野口みずき選手が金メダルをとりました。この競技のスタート時間が日本時間では8月23日の午前0時でした。そして、金メダルが確定したのが、それから2時間30分程度後ですから、すでに締め切り時間を過ぎていました。ある地域に配られた新聞では、ソフトボール銅メダルがトップ記事です。しかし、別の地域ではちゃんと野口選手の金メダルが報じられています。同じ日の新聞ですが、違った紙面構成がされています。これはなぜでしょうか。

印刷所が近隣にある地域では、当初の紙面を差し替えることが可能なのです。つまり、地域によって、版が変わるのです。これは、全国紙でも同じなのです。版が変わったことを明示する印や記号が各社で決まっていて、私の地域の地方新聞（四国新聞）は星マークです。ただ、写真などは間に合わないことが多いので、テレビからとることもしばしばあるのです。

第Ⅰ部 メディアに対応するための実践知

締め切り間際の取材は時間との闘いであり、紙面編集やニュース放映に間に合わせようと内容に間違いはなくても、ややあわてた記事になってしまうことがある。

だからこそ

どのメディアにとっても締め切り時間が重要で、取材者の心理状態に影響を与えていることを学校側も知っておきたい。

こう考えますと、締め切り時間を超えたらもう載らないというわけではないのですが、締め切り時間に間に合うかどうかで紙面が変わるのですから、取材記者は締め切りを特に気にするわけです。

四國新聞

ソフトボール「銅」

浜口ら好スタート

レスリング女子

バレー女子 準々決勝に進出

賛成多数も6割棄権

「尊重要件」満たさず

投票の意義薄

優勝旗 津軽海峡越える

四國新聞

野口が「金」

マラソン女子

土佐5位、坂本7位 ソフトボールは「銅」

賛成多数も6割棄権

「尊重要件」満たさず

投票の意義薄

優勝旗 津軽海峡越える

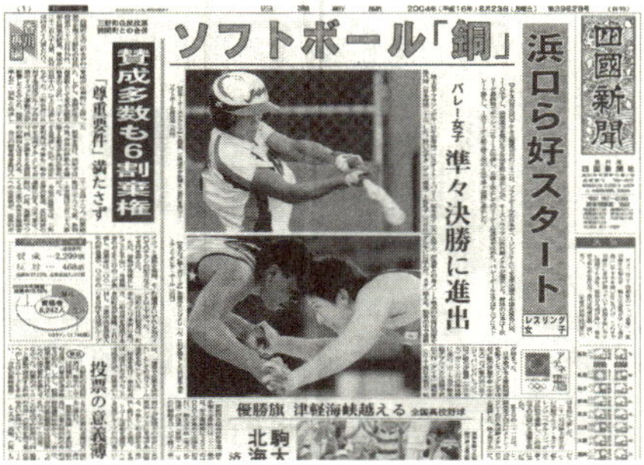

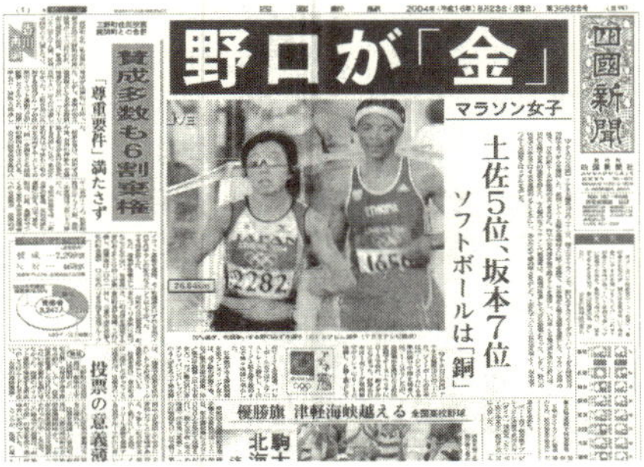

同じ日付でも地域によって紙面構成が変わる
（四国新聞、2004年8月23日付朝刊）

（1） ★総合

香川再編

三野町
詫間町

詫間町との二町合併の賛否を問う三野町の住民投票が二十二日行われ、即日開票の結果、賛成が二千二百九十九票、反対は四百六十八票となり、

版が変わったことを明示する印（四国新聞）

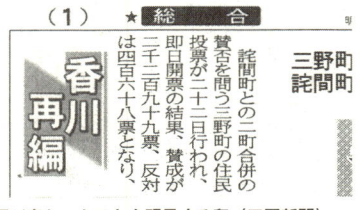

新聞とテレビの特性の比較

新　聞	テレビ
・一覧性、俯瞰性（紙面を広げると、一目でその日の記事傾向が見える）	・速報性（事件直後に、報道が可能）
・遡及性（過去の記事を遡って確認しやすい。読み返しが可能）	・映像性（動画によって、理解がより可能になる）
・比較性（他の報道との比較がしやすい）	・音響性（音による効果がある）
	・娯楽性（興味関心をもつことができる）

学校側としては、メディアを相手にするときには、締め切り時間というものが取材者の心理状態に影響を与えていることを知っておきたいですね。もしも夕方の5時頃に記者会見を開いたら、新聞はまだいいのですが、テレビは6時のニュースに間に合わせたいために焦っています。新聞記者も締め切り間際は時間との闘いですから、本社のデスクと相談し、少々取材が足りなくても「撃て～！やれ～！」という勢いで、翌日の紙面に間に合わせようと、内容に間違いはなくてもややあわてた記事になってしまうものです。

◆**テレビの取材の特徴を知る**

今まで主に新聞に重心をおいて論じてきましたが、テレビの取材の特徴は何でしょうか。

テレビ取材の特徴は、一言で言えば、「絵（映像）にしないと意味がない」ということです。学校事件では、校舎の全景は必ず映ります。学校名を特定されないように配慮してぼかしたりしますが、校舎や校門はまさに学校を表す絵なのです。もちろん、事件直後では、あわただしい職員室の雰囲気も取材陣にとっては格好の絵となります。

ここで、テレビと新聞の特性の違いを見てみましょう（上の表）。さまざまな研究者がさまざまな分類をしていますが、これは筆者の考えです。

このようにテレビは映像や音響がポイントですから、絵にしないと意味がないのですから、それを狙った意図的な取材も新聞以上です。絵にしないと「もう1回撮りま

第Ⅰ部　メディアに対応するための実践知

すよ」と言われることもあります。「やらせ」ではない少々の演出は、テレビでは必要な表現手段です。つまり、テレビは「真実」をわかりやすく「構成化」しているものと考えていいのです。そうなると、インタビューを受ける場合は、表情や服装もいい加減にはできません。もちろん、背景もしっかりです。これは、新聞記者の写真撮影以上です。

テレビの取材を受けるときは絵にならないと意味がないので、筆者の場合、あえて絵になるものをその場に置いておくこともあります。実はここに、教師側からの意図を反映させることも可能なのです。新聞でも写真撮影がありますから同じなのですが、テレビでは絵そのもので意味がわかるようにすることが重要であり、その特性を知って取材を受けることがコツといえるのです。

筆者が関わる取り組みを取材してもらう場合、看板や旗、制服を準備することがあります。これはそういった意図があるからです。たとえば、看板が絵になり、そこで何をしているのかが一目でわかるからです。

お遍路実習の様子（旗がポイント）

お遍路実習（実際に四国霊場でお接待をした実習）では、「おせっ隊（お接待）」の旗を作りました。これを学生たちが持って動くと、いい絵になるのです。

このように、取材する側の特性を考慮し、絵になる物を用意したり、絵になるための対応をすることで、好意的な取材は展開されるのです。逆に、いい加減な対応が見え隠れするような背景があれば、それが叩かれる材料にもなり得るのです。

◆**インターネット上の言説に対応する**

これから一番怖いメディアがインターネットです。最近では、電子掲示

板やブログがブームです。匿名で噂レベルのことを書き込める電子掲示板の中には、いくつかの学校のそれぞれの「裏掲示板」というようなものがあり、勝手なことが書き込まれています。これから学校は、必ずこのインターネット上の言説の影響を受けます。ただ、掲示板でひどいことを言われていても、そんなに気にしなくていいと思います。しょせん信用度の低い言説です。ただ、気にしなくてもいいのですが、まずいことが発生して叩かれ出すと、その言説が他の掲示板などにも書き込まれ、傷口が広がるのです。だからこそ、それに負けないような説明責任の果たし方が必要になってくるということなのです。

噂に負けないように説明責任を果たすことで、その後の影響を最小限にすること（ダメージ・コントロール）が可能です。黙っていては余計叩かれますから、なぜこうなったのか、公表できる範囲で、十分説明しなくてはいけません。

この実例については、のちほど（35ページ）紹介します。

3　メディアとつきあう

ここまで、比較的通常の取材を想定し、そのために知っておくべきメディアの特性と、学校側とメディアが対立的になってしまう場面や、もしもの場面に感情的対立にならないための前提となる記者との人間関係づくりについて考えてみましょう。

◆**取材記者は誰でもわかることでも聞く**

メディアは、住民感情に感情移入して、学校側に質問してくることがあります。その場合、取材する記者は、ある程度推察できるようなことがらでも「なぜですか」「どうしてですか」とあえて聞くのです。「それぐらいわかるでしょう」と言いたくなるようなことを聞くわけですから、取材されるほうはムッとしてしまうこともあります。

> 取材記者の単純な発問も、読者により広く、より深くわかってもらうためのきっかけづくりとなっている。
> だからこそ
> 教師側は、難しい言葉や教師間のみでわかる言葉を避け、当たり前に思えることを誰にでもわかるように説明することが肝要である。

　これは、教室での教師と全く同じ発想の行為と考えてください。子どもたちすべてにわからせるため、一部の子がほぼわかっていても、「なぜですか」「どうしてそうなるのですか」と発問することで、より広く、より深くわかるきっかけづくりをしています。取材記者に「なぜ学校はそうするのですか」と詰問されたように思い、「それぐらいわかりませんか」などと教師が回答すると、お互いの人間関係がまずくなってしまうだけなのです。つまり、教師側も、当たり前に思えることを誰にでもわかるように説明するということが肝要なのです。そこで心がけたいのが、難しい言葉や教師間のみでわかる言葉を避けることです。教師間の言葉では聴き手に言葉のニュアンスが伝わらず、かえって誤解が生じてしまったりすることもあるのです。「なぜ、いじめをなくせないのか」「どうして起きたのか」「先生は何をしていたのか」と記者が感情でぶつかってきたとしましょう。この場合、それは当然の問いとして受けいじめ事件を例に言葉に考えてみましょう。

17　3　メディアとつきあう

止める意識がものすごく大切なのです。教師は、このように問い詰められたりする経験が少なく、相手がけんか腰の場合には黙りこくってしまうこともあるのですが、ここでは、しっかりと受け止め、それについてきちんと説明することが求められます。もちろん、取材を受ける側が感情的に訴えても逆効果です。

ある民間企業の不祥事の事例ですが、当事者の社長が、取材で殺到した記者たちに感情的に訴えたのです。そのとき、記者たちは「僕は寝てないんだ（それくらい私の立場は大変なんだ）」と苛立ちをぶつけたのです。そのとき、記者たちは「冗談じゃない、寝てないのはあんただけじゃない。みんな寝てないんだ！」とくってかかったのです。つまり、「私の身にもなって（ください）」という言葉は通用しないのです。

同様に、授業以外に教師の仕事が膨大にあることは、なかなかわかってもらいにくいものです。つまり、教師の経験がない人はなかなか教師の身にはなれませんから、「私たちも夜遅くまで真剣にやっているのですよ」と言い訳しても通用しないのです。「こういうことを、このようにやっています」という具体的な説明が明らかに不足しているため、世間を知らない教師が自分たちなりに頑張っているつもりでしか受け取ってもらえないのです。そして、教師が説明不足の上に、さらに感情的になってしまうと、記者たちも感情的に応じてしまうのです。

◆記事の表記が学校側の意図と違っている理由

「取材してくれたのはいいが、記事の漢字表記などが違っている」という不満を、学校側から聞くことがあります。しかし、ここにもメディア事情の無理解があります。

新聞記事は、いかに読者にわかるかということが大切なのです。義務教育を終了した段階の知識で読めることが基本ですから、できる限り読みやすく、わかりやすいということを目指しています。

その点で、表記にも特徴があります。新聞記事には、われわれ教育現場での用字用語とは違う意図をもつ

た表記ルールがあります。たとえば、附属学校の「附」は「付」と表記することが多いようです。これは制限漢字の問題なのです。人の名前についても同様です。旧字体は特段の場合以外は使いません。こういった表記も教育関係者から見ると、誤記ではないかという意識になりますが、決して誤っているわけではありません。

もし表記が気になる場合、あるいはこちらの示すとおりの表記を要望する場合は、必ずペーパー（紙に記されたもの）にして記者に渡しておくといいのです。

◆メディアリリースは適切な分量で

ペーパーで渡せばいいといっても、適切な分量というものがあります。

教育関係者が、意を尽くしたいという動機から、何十枚もの書類をメディア側に渡す傾向があります。しかし、無駄な労力です。彼らは読みません。というよりも読む時間がないので読めないのです。メディアリリース（情報提供）のコツとして、A4判1枚くらいでいいのです。どんなに頑張って多くの資料を作っても意味がないのです。厳しく言えば、ポイントがわかっていないから資料が多くなるのです。簡潔に相手に伝わるものであることが、まずは重要なのです。詳細が必要であれば、記者は電話などで尋ねてきます。もちろん、関心を持ってもらうためにそのペーパーのタイトルも工夫したいものです。

◆記者との人間関係づくり

メディアとのつきあいは、ペーパーのやりとりという冷たいものに終始するわけではありません。ジャーナリストも、人間的感情を仕事に一切持ち込んでいないわけではないのです。

19　3　メディアとつきあう

> つきあいが深い人は、何かあっても事情を理解しようと努力してくれる。
> 逆に対立している場合は、理解しようと努力はしないものである。
> だからこそ
> 記者とはできる限りいい関係をつくっておきたい。これも「人」だからである。
> ただ、全国紙と地方紙では転勤の有無など事情が違うので、関係のつくり方も異なってくる。

つきあいが深い人は、もし何かがあったときなどは、その事情を理解しようと努力してくれます。逆に対立している場合には、人間は、理解しようと努力はしないものです。つまり、取材対象者を知っていれば、できる限り真実を書き、間違った報道にならないように配慮する心理が働きます。そうなると、せめて学校名だけは出ない方向で書こうとか、個人が特定できないように、より細心の配慮をしようと考えます。逆もまた真なりですから、できる限りいい関係をつくっておきたいと考えられます。これも「人」だからということです。

記者との関係づくりについては、全国紙と地方紙では事情が若干異なります。全国紙記者は全国を転勤しますが、地方紙は原則的に地元から転勤しません。だから、どうしても地方紙記者とは、顔なじみになりやすいものです。それだけに、緻密に対応してもらえるメリットもありますが、逆に知り尽くされているゆえのやりづらさもあります。一方、全国紙のほうは記者人数も少なく、学校側とも初対面が多いことから、取材を通してだけの関係に終始しがちです。また、全国紙の使命は全国の読者への記事配信ですから、少々踏み込んだ記事を書くことで地元と軋轢（あつれき）があったとしても、その記者の他県への転勤で解決させることも可能です。

このような人間関係上の違いが、全国紙と地方紙の記者の大きな違いであるということです。どちらがい

第Ⅰ部　メディアに対応するための実践知　　20

いい悪いということではありません。ただ、その結果、記事のニュアンスに違いが出るのです。こういった違いのさらなるニュアンスも、第Ⅱ部の記者との対話から読みとっていただければと思います。

◆メディアリリースのポイント

学校とメディアの関係づくりの前に、実は、学校内の共通理解が必要という場合があります。「あの学校はすぐ報道を使う」という声が伝わってくることもあります。しかし、メディアリリースをするぐらいの意識があるということは、説明責任を果たすという姿勢の表れですし、保護者や地域の理解を得るためにも最も効果的な手法のひとつなのです。新聞の読者やテレビの視聴者は、報道によって「学校はこんなにやってくれている」と思ってくれるのですから、そこに大きな意味があります。「報道に載ることが目的では、本当の教育ではない」などと言う方も中にはいますが、その実践の現場を見ないで評価をしてはいけないのです。

よく報道される学校には、その学校なりの技術があります。行事の時期も関係あります。たとえば、書く記事が少なくなる時期なのです。8月の終わりとか2月あたりはメディアの「記事枯れ」の時期、つまり、8月でいえば、8月20日くらいまでは山盛りの話題があります。原水爆問題関連の記事、高校野球の記事、終戦記念日の記事などです。その後、急に記事がなくなりますので、記者たちは普段は扱わないレベルの出来事にも目を向けます。これを「暇ネタ」と言います。

「なぜあの学校ばかりいつも新聞に載るのだろうか」という疑問がありましたら、その時期も見てみるといいのです。逆に、大きなニュースがある時期には、学校の行事関連の取材は難しいのです。選挙の投票日とかには、どんなにいい学校行事をしても掲載されません。記者の数は限られていますから。

4　メディアとわたりあう

いよいよ、大きな事件や問題があった場合の、発生から記者会見に至るまでを説明しましょう。ここは、本書でも最も重要なポイントです。これはあってはいけないことですが、仮に子どもが自殺をした場合を考えます。

◆初期対応と記者会見

これは最悪のケースです。さまざまな経路で連絡が入ってきて、やがて校長にまでたどり着きますが、そこで早急な決断が必要です。教頭、そして担任などへの指示が的確でなければ混乱をきたします。さあどうするかで迷うと、最初の一手が打てず失敗してしまうのです。

担任がすぐに家庭に駆けつけて、校長や教頭に報告をするのは当然です。次に、大きな事件であれば、校長や教頭がすぐに対応しなければいけないことがあります。それは、間違いなく数分後に次々かかってくる、報道関係者からの電話です。ですから、報道関係者の殺到が予想される場合に校長がしなければいけないのは、市町村の教育委員会（設置者）と早急に相談して、記者会見をいつ、どこで開くかを決めることです。

記者会見は、不祥事案においては教育委員会内で開くことが一般的です。そうすると、学校という場から距離をおくことが可能ですから、児童生徒への影響を避けることができます。しかし、学校内で開かなくてはならない場合も多々あります。

何時にどこで記者会見を開くかを決めておくと、取材の電話が殺到しても、ともかく対応できます。仮に一部の記者が「何か問題があったのではないか、校長を出してほしい」と詰め寄ってきても「〇時に〇〇で記者会見を行います」と言えば、それ以上は記者も追及しにくいのです。

ただし、カメラを持った記者が学校に入ってきて「写真を撮らせてください」と言ったら、そこで撮られるのは仕方ないと思ってください。しかし、そのまま教室へ行こうとしたら「子どもたちに影響を与えますから、ご遠慮ください」ときっぱりと言えばいいのです。はっきり言わないと勝手に撮られる可能性があります。すでに校門の向こうから学校の様子を撮っていますから、はっきり指示すれば、カメラ撮影に関して配慮してくれます。

次に、その記者会見や個別の取材で何が問われるのかを想定して回答を準備しなければいけません。そのために、担任などに聴き取り調査をすべきことがあれば、すぐにかかってほしいのです。記者会見の設定により、そういった準備をする時間ができますし、それは冷静になるための時間でもあるのです。起きた事件が不幸なことであればあるほど感情的になりますが、冷静にならないと、問題を一層拡大してしまうのです。

そういうことを考えると、やはり「最初の一手」が大切なのです。

◆ メディアリリースと想定問答

たとえば、自殺のケースでの記者会見では、記者からの最初の質問は何だと思いますか。それは、いじめの有無です。そのことを問われるのは当然ですから、その際の校長のコメントを事前に用意しておく必要があります。これを「想定問答」と言います。

教頭や学年主任などが中心になって、今までいじめの問題がなかったかという点で、記者会見用の資料を急いで作ります。これは教育委員会への報告シートにもなります。とにかく一生懸命に調べて、ある一定の材料を持って記者会見に臨まないといけません。記者会見に何の用意もなく臨む学校もありますが、到底、

取材記者からの質問に対応できません。また、同時にたくさんの関係者が並んで、みんなで頭を下げるという記者会見もありますが、明らかに逆効果です。その写真が報道されても、結局、管理職が責任を回避したいという思惑が見え見えになるだけです。そこで、教育長と校長と教頭ぐらいの3、4人でするのが通例です。管理職も不安であり、責任を取りたくないものですが、これが管理責任者の宿命なのです。

だからこそ、何を問われるかということを考え、きちんと事前に調べておけば、「いじめがあったのか、なかったのか」と聞かれても、調査中であれば、その「スタンス」だけでもきちんと明示でき、対応の一歩となるのです。

> 何の準備もなく記者会見に臨めば、誤解を招くあいまいな発言をしかねない。
> だからこそ
> とにかく一生懸命に調べて、ある一定の材料を持って記者会見に臨まないといけない。
> 調査中でも、必ず説明責任は果たすというスタンスをはっきり示せば記者も追及しない。
> スタンスの明示が対応の第一歩である。

さて、この「スタンス」とはどういうことでしょうか、もっと詳しく説明しましょう。

記者会見で「校長、いじめがあったのですか」と聞かれたら、スタンスをはっきり示してください。すると記者は「今、いじめの可能性も前提に調査しているところです」と再度詰め寄ってくるでしょう。しかし、いじめの可能性も前提に調査をしているのが事実であるならば、そのスタンスで、先ほどの答弁を繰り返すしかありません。これには、取材記者はいささか困るようです。なぜなら、いじめがあったと断定も否定もしていませんから、記事になりにくいのです。別

に意図的に書きにくくしているわけではないのですが、記者会見で重要なのは、現在のスタンスをしっかり明示しておくことなのです。

ところが、実際の記者会見をみると、「いじめがあったか、なかったか」と聞かれて、あいまいな答弁で返し、あったのかなかったのかと再度迫られています。そこで、歯切れが悪くなり、「あのーそのー」となると、「では、いじめはなかったのですね」と言われ、「いやそうではない」と言うと、「じゃあ、あるのですね」ということになってしまうのです。あるかないかで突き詰める構図です。こういうことになりますと、記者会見はだいたい記者側のペースになってしまいます。

その上、大きな事件の記者会見には、地元の記者クラブのメンバーだけではなく、必ずワイドショーや週刊誌のメンバーが入ってきます。このワイドショーなどのメンバーはある意味で無遠慮に質問してきます。彼らには、娯楽性の追求という立場もありますから、場をかき回され、そこに巻き込まれると、気がついたらもう全然対応ができなくなってしまっています。こういうところに、非常に大きな問題があるのではないかと思います。

だからこそ、しっかりとしたメディアリリースや想定問答が必要になるわけですが、いつ、どこで、何が起きたのかといういわゆる5W1Hをしっかりと確認して、その上で話をするということが大切なのです。

たとえば、学校事故の場合、救急車をいつ誰が呼んだとか、そういう記録は意外とないものです。だからこそ事件や事故が起こったときには、記録をする人をつくるようにすることも重要です。

その時系列の記録のために、黒板とかホワイトボードに起きたことや通報したことをどんどん書いていくことが、後に説明責任を果たすことにつながります。大きな事故が起きたときに、残念なことですが、犠牲者の名前などを書いていますが、これは重要なことです。情報の一元化です。メディアリリースという意味においても、必ず聞かれることはメモをする、あるいは検討する材料を用意するということです。ただ、出

メディアリリース・事案概要の把握シート例

学校名	校長名	児童・生徒数

事案の概要

1　日時（いつ）　　　　　　　　　　月　　　日　　　時　　　分

2　事案発生場所（どこで）

3　当事者（だれが）

　　　児童・生徒　　小・中　　　年　　男・女　満　　才

　　　教職員　　担任・担任以外　　男・女　満　　才

4　事案（何が）

5　事案内容の概要（どうした）

6　事案の影響・結果（どのように）

7　学校長のコメント

8　配慮をお願いしたいこと（公表できない点があれば、その内容と理由）

　　　　　　　　　　記載責任者（職名　　　　氏名　　　　　　　　　）

＊　緊急職員会等で配布し、その場で職員自身が記入して情報共有を図る。記入用紙は事案処理後、全員から個人情報保護のため回収する。
＊　記者会見等の必要があれば、最低限度の内容を記入し、配布する方法をとる。

せる情報と出せない情報があるので、黒板は窓の反対側に向けておいて書くとか、そういう配慮をすればいいのだと思います。

◆守秘義務とオフレコ

スタンスの明示をすることによって、取材記者に学校の対応姿勢をわかってもらえたとしても、学校のマイナス情報はどこからか絶対に出るものであると考えてください。そのマイナス情報をどう扱うかということですが、筆者はこう考えます。

ある問題に関する情報の量を10としますと、報道はそのうち最低6まで書くでしょう。半分以上は書かないと報道にはならないからです。一方、教育関係者は、プライバシーを盾に3ぐらいしか言えません。教育委員会サイドも、事案には必ずマイナス情報が入っていますから、3ぐらいしか言わないものです。そこで、報道は6まで書くために、わからない残りの3の部分を、周辺から取材します。その周辺の取材から出る内容は、学校などにとっては、それこそマイナス情報なのです。筆者は、教育委員会時代もあえて7程度言えるよう上司に想定問答を渡していました。しかし、10の中には個人情報も含まれていますから、絶対に言わない3を事前に確定させていました。そのことも上司に報告しておきました。

この方針で臨み、記者会見はスムーズでした。記者も、マイナス情報も含め7程度話すという態度に理解を示し、逆に1を配慮して控え、結果的に6の報道になっていたのです。記者もオフレコと言った個人情報の場合は落としてくれます。逆に3しか言わなかったら、記者は6書きたいときの残りの3は周辺から調べて書きます。「一部の生徒は、いじめがあったと言っている」などと、一部の生徒などの推測に過ぎない発言から断定的に報道されてしまうのは、そのためなのです。きちんと記者に説明をしていないからです。正式発表からの6か、不正確な情報源からの情報を含む6かで、報道内容が変わるのです。

◆ 信頼をもとに事態に共同でたちむかう

新聞記者は「ネグる」という言葉を使うことがあります。「無視する」という意味の英語（neglect）に由来すると思われますが、それはどういうことかというと、デスクレベルでその記事は発信する必要はないと判断することを言うようです。取材記者レベルで、新聞記事にすべきかどうか考えて、これは記事にする必要もないだろうというものを上司に報告しないこともネグると言うようです。ではどういうときにネグるのかというと、これはもう書く必要もないなあ、ここまで言うなら逆に書けないなあ、と思うときです。きちんと説明して、きちんと対応しているとわかってもらい、新聞記者にもその問題について同じ悩みをもってもらえたときなのです。そうすれば、ネグってもらえることもあるでしょう。

別にネグることがいいとは言いませんが、新聞記者が、これを今報道するより学校にまかせたほうがいいと思うか、とにかく叩けと思うかの違いです。ネグって、あとで「しまった」と思うこともあるかもしれませんが、新聞記者にいい意味でネグってほしいのです。そのためにも、学校側の対応は、誠心誠意の構えで行ってほしいと思っています。

◆ 失敗例に共通する3つのポイント

ここまで、メディア対応の原則を、エピソードもまじえつつ紹介してきました。次に、事例の検討を通して、メディア対応を考えてみたいと思いますが、事例を学ぶ前に、事例から学んで避けるべき3つの「失策」をあげておきます。その「失策」をすると、メディアによる事件そのものへの一次的批判というよりも、学校の事件に対する対応への二次的批判が起こり、その結果、学校が混乱するのです。

① 事実の隠蔽

プライバシーへの配慮は必要ですが、事実をあまりに隠すことは、ほとんど裏目に出ます。特に、教師仲間をかばうような事実隠蔽は、子どもや保護者などから告発されたときは、言い訳ができません。学校側の対応にまずい部分があれば認めた上で対応することで、後の「発覚」による信頼失墜というリスクが避けられます。

② 自己保身を思わせる発言や態度

誰にもある意識なのですが、それが大事な場面で言葉や態度に出てしまうと、そこからすべてが崩れるのです。報道側にとって一番見過ごせない動きです。

③ 情報提供を誤るなどの判断ミス

何でも公表することがいいとは限りません。被害者の特定などを避けるために、事情を詳しく説明した場合でも、それが公にはできない（オフレコ）理由をしっかりと表明すれば、記者は理解して報道しないこともあります。

筆者自身も、事件や事故に遭遇した際に、この3つの失策をしないように対応してきました。しかし、あとから考えれば、こうすればよかったという反省はしきりです。やはり、何かあったときには「とっさの行動」というのが重要になるのですが、何かあったときにそれぞれの立場でまず何ができるのかを「想像でき

る力」が重要だと思います。それはある意味では「時間稼ぎ」にもなります。時間稼ぎというのは、焦りを解き、ゆとりをもつためなのです。危機管理で重要なのは「ゆとり」なのです。功を焦る記者は、情報収集のためにあえてゆとりを与えず、どんどん突き詰めてくるということがあります。それによって、隠蔽などを打破しようとしているのです。そう考え、冷静に対応したいものです。

◆事例から学ぶ（1）

2001年6月8日に大阪教育大学附属池田小学校の事件が起きた当時、筆者は香川県教育委員会の生徒指導担当指導主事でした。その事件当日、筆者はある中学校で行われていた研究会に出席していましたが、その研究会の途中で電話が入ってきました。急用ということで呼び出されたのです。その電話では、「大阪の小学校に不審者が侵入して何人かの子どもが刺されたみたいだ」というあいまいな第一報でした。当初は1人か2人ということでしたが、とにかくこれは大変だと、その場を他の先生にお願いしてすぐに教育委員会に戻りました。教育委員会に戻る途中も、車のラジオで情報を入手しようと聴いていると、被害者数がどんどん増えていきました。直感で、これは県外で起きた事件であっても、県内でも対応しなくてはいけないものだと感じました。

これまで県外で大きな事件が起きても、担当指導主事はある程度情報収集して、自分の地域で必要なことは何かということを報告するくらいでした。しかし、多くの子どもが亡くなっているという状況から、これは単に報告だけでは済まない、何か手を打たなくてはいけないと判断したのです。こういった場合には、必ず周辺の県の動きを教育委員会に戻り、すぐにさらなる情報収集を始めました。他県ではどうしているかということですが、メディアでは必ず他県比較があり確認することから始めます。「○○県は××という対応をした。一方、本県では……」というような報道内容です。当然、各県の

対応としては注意喚起の周知をすることが多いのですが、メディアは、学校現場に「通知」をしたかしないかを重視します。行政からの通知というのは、ただの書面で意味がないように見えますが、実は大きな意味があります。わざわざ文書で注意喚起を促すわけですから、口頭での伝達以上のそれなりの重みを持つのです。同じく注意喚起であっても、正式な文書での通知なのか、ファックスでのメモ送信なのか、それとも口頭なのか、さまざまなレベルを用意しています。そこで「今回はどういう方法をとるべきか」と迷いました。

ところが、こういうときに限って、上司がなかなかつかまらないのです。通知などをするとき、上司の決裁がなければ行ってはいけないのは、行政の当たり前のルールです。決裁がないのに担当者が勝手に行ってはいけませんので、この点で非常に困惑したのです。そのままにしておくわけにはいかないので、一生懸命に決裁ルートを探したのですが、こういうときに限って上司が見つからなかった。

そこでやむを得ず、各教育事務所へ「これまで送った通知文や調査の再確認をしてほしい」というファックスを送ったのです。これは「再確認」という指示でしたが、これも大きなルール違反で、処分覚悟と思っていました。しかし、今やらなければいけないと思い切ったわけです。その後、上司が見つかりましたが、ファックスといえどやはり通知文を勝手に送ったということでお叱りを受けました。しかし、報道は敏感に反応しました。早急な対応として取り上げられ、他県との比較でも特段の問題になりませんでした。上司も意図をわかってくれましたので、結果はオーライで、その場はなんとか収まったことを今でも覚えています。もし、何もしなかったら、それこそ叩かれるのが予想できたからです。

このように緊急時の判断というのは非常に難しいのです。しかし、大きな事件がひとつ起きると、模倣犯が出たりして波及しますので、全国的に迅速に動くということが特に大切なのです。しかし実際は、想定できないことがあまりにも多いために、事前に想定して対応を準備しておくというわけにいかず、その都度判断が求められます。あの事件の裏でも、全国各地でこういう動きが織りなされていたのです。

31 4 メディアとわたりあう

◆事例から学ぶ(2)

あるとき、全国紙の記者に、遺書の内容についてコメントしてほしいと依頼されました。その事案は、中学生のいじめ自殺でした。自殺前に親や教師に相談しなかったことが問題になりましたが、遺書が残されていました。取材では「学校に問題がありますか?」と聞かれます。どうしても責任問題の追及に終始します。

そこで、「確かに(問題が)あるかもしれない。でも子どもが遺書を書いたときに、この子どもの意図はどういうことかを新聞記者は考えてほしい」ということを言いました。「じゃあ、先生はどう思うか」と聞いてきたので、「この子が言えない辛さ、苦しさ、やさしさがあったのだと思う」と答えました。新聞記者はさらに、「言えなかったというのはそういうことですか。先生との人間関係が悪かったということではないのですか」と……。

すでに、記者と筆者に考えの相違が出てきました。そこで、「先生と親を苦しめたくないから言えなかった、そして苦しんだ末に自殺したのかもしれません。逆に自殺というのはそちらのほう(やさしさゆえ)が圧倒的に多いのではないですか」と付け加えたのです。「だからこそ、親や教師は一歩寄ってほしい」という話をしたら、その件の新聞記事では「やさしさ」という言葉がキーワードになったのです。紋切り型ではない、考えさせる記事であったと思います。

何が言いたいかというと、筆者は記者をコントロールしたとは思っていませんが、われわれの視点をきちんと示すことで、記者も考えるのです。なぜこんなことをしたのかという背景をはっきりと話すと、それが理解につながり、最終的には紋切り型の記事からの脱却につながっていくのだということなのです。

記者には、子どもの心理は見えません。しかし、そこを教師という専門性と、社会問題に共に取り組むという共同性から語ることで、記事が変わります。子どもの心理はこういったものだと、しっかり説明をすることで、記者も考えます。この積み重ねによって、物事の見方はさらに変わり、記事も教訓として伝わって

いくのです。教師も記者も共に事例から育ってほしいのです。
付け加えておきますが、遺書に、そういった「やさしさ」が感じられたというのは、当事者が今後のことを書き記していたからなのです。「○○を○○にあげてください」「死んだ後には……としてください」という記述があるときは、極めて真剣な遺書といえるのです。もちろん遺書を発見したら、未遂の場合もありますので、早急な対応が必要です。

5　メディアと共同する

これまで、メディアの内部事情を知り、どのようにメディアの取材にこたえ、メディアに情報を提供するかを考え、そして、メディアの過熱取材にどう対応するのか、などについて論じてきました。最後に、日常の教育活動の中で、メディアといかに共同するのかを考えてみましょう。これは、NIE（新聞活用教育）というジャンルかもしれませんが、それをもう一歩進めたものと思ってください。もしかしたら、こういった取り組みに参加した児童・生徒の中から、将来、ジャーナリストを輩出するかもしれません。いくつか、実際の事例で考えていきましょう。

◆記事と記者から学ぶ

最初に紹介するのは、全国高校総体（インターハイ）のバスケットボール競技の記事の活用事例です。その記事では、ある高校が競技終了間際のシュートがきっかけで逆転勝ちして2回戦に進出したと報じていま

記事のポイントと写真が食い違うのはなぜ？
（四国新聞、2001年8月3日付朝刊）

　この記事を書いた記者は、現地に取材に行っていたのですがでしっかり構えていたカメラを置いてしまい、「やったー！」とガッツポーズを取ってしまったのだそうです。シュートが決まり、試合終了の笛。その瞬間、記者は「しまった！」と思って慌てました。本社のデスクにその顛末を報告し大目玉を食らったそうですが、この記者が一番申し訳ないと思った相手は、シュートを決めた選手でした。せっかくの決定的瞬間の写真を渡せないからです。だからこそ、この記事の本文には、何回もこの女子選手の名前が登場しています。せめて名前だけでもと思い、一生懸命書いたのです。

　私はこの新聞記事を使って、香川県のある高校で出前授業を行いました。NIEの授業なのですが、何の説明もしないでこの新聞記事を見せ、「ここから何か気づかないですか」という問いかけをして始めました。ある生徒が「先生これ、写真が違う」と気づきました。「それはどうしてだろうか」という問いかけに、さまざまな答えが出てきましたが、ほとんどが新聞記者の失敗や怠慢を推測するものでした。そして、「みんな、いい意

　す。残り2分の時点で11点も差があったのを追い上げ、なんと残り4秒のラストシュートで同点、延長戦を制したものですから、読者に大きな感動を与えました。

　さて、この記事では、時間ぎりぎりの同点シュートがポイントです。したがって、この記事の写真は、もちろんそのシュート場面となるはずでしょう。しかし、実際は別の写真になっていたのです。

　最後の同点シュートが入る瞬間に、それ

ライズの種は、取材したその記者に教室の隅に待機してもらっていたことです。

第Ⅰ部　メディアに対応するための実践知　　34

見を言ってくれたね」と、突然紹介しました。さすがに教室は驚きの声でいっぱいになりました。記者も手厳しい意見に苦笑しつつ、生徒たちに率直に語ってくれました。「最後のシュートのときに、やってはいけないこと（ガッツポーズ）をやってしまったのです。仕事を忘れ、県民の思いになっていました。恥ずかしい限りです」と。

この瞬間、高校生たちは新聞記者をものすごく身近に感じたのでしょう。この授業をきっかけに新聞を読みはじめた子もいました。新聞の面白さを知ったということでしょう。メディアの裏側を知る上で、非常に貴重な資料なのです。メディアの裏側とは、まさに人間の世界なのです。記事の向こうに人がいるのです。

新聞を読むときは、こういった見方はあまりしないでしょうが、一端この視点に立つとメディアとのつきあいもだんだん楽しくなります。

実はこの記事を書いた記者さんが後ろに来ているから、なぜだったのか教えてもらお

ある中学校のWebページ（2002年9月）

「失敗記事」（私はそうは思いませんが）を提供してくれた記者も素晴らしいと考えています。

このように、互いに胸襟を開いて、それぞれの新聞への関わりを将来の購読者（あるいは記者も）である子どもたちに提示することも、有意義な共同作業なのです。

◆ **説明責任を果たす**

次の事例をあげましょう。火災報知器を押したりトイレに消火器をばらまいたりする行為が頻発したある中学校では、その顛末をWeb上（学校のホームページ）で公表することにしました。通例、噂になるようなまずい内容を「こういうことが起こっています。一緒に考えましょう」と写真

5 メディアと共同する

入りで公表することなど考えられません。

しかし、それをあえて実行しました。Webを活用したこの説明方法は当時非常に珍しく、これには賛否両論がありましたが、読売新聞社高松総局（当時）の澤本浩二記者が取り上げたのです。

そこでは、学校側の「英断」として報道されましたので、最終的に無責任な噂も立たなくなり、幸いにもこの事案も解決しました。報道されることでのリスクもあったものの、結果的には、このWeb公開の効果を後押ししたことになったのです。

その後、この記事は英字新聞に翻訳されて再掲載（リライト）されました。この学校では、その英字新聞の記事を英語の授業で活用することにしました。当初取材した澤本記者を招き、生徒と一緒に報道の使命を考えた英字新聞を使った英語の授業（2002年12月）

のです。英語の授業で自分たちの話題を用いたのですから、まさに身近な話題を使った生きた英語であったことは言うまでもありません。さらに、学校にとって当初マイナスと思えた事例であっても、このような工夫によって、生徒たちの自信へとつなげていくことも可能なのだと思いました。

Web上での公開も、説明責任を果たす手法のひとつです。自分たちできちんと説明をしていくことで、学校運営の活路を見いだすこともあり得るのです。これまでの学校のあり方としては、どうも事情説明が弱いという印象があります。「説明できない」ということは「自信がない」ことの証左でもあります。教師の多くは児童生徒に、「何かあったら、誤解を生まないように自分できちんと発言をしなさい」という意味のことを言っているのではないでしょうか。もしも言っているのならば、まず、自ら実践してほしいのです。管理職は、情報発信このWeb上の情報発信を行った中学校は、当時、筆者が教頭として勤務していました。管理職は、情報発

信をする責任を負いつつ、このような実践をする教師のサポートもしたいものです。

◆積極的なNIEを

しめくくりに、NIEについて説明しましょう。NIEとは、Newspaper in Educationの頭文字をとったもので、「教育に新聞を」という意味です。新聞を使った教育ですが、児童生徒だけではなく、学校運営や教師にとっても意味があるのです。

筆者は、このNIEを重視してきました。これが、現在の私の教育理念に結びついています。現代の学校は、さまざまな教育課題を抱えています。また、その時点での世情が学校教育に影響を与えてきました。福祉や環境はもちろんのこと、昨今は金銭教育、食育など、本当にたくさんの課題でいっぱいの状態です。各学校では、これらの取り組みを総合的な学習の時間などに行ってクリアしてきましたが、今度は学力問題などが持ち上がり、ゆとり教育が不思議なくらいに叩かれています。

> メディアについて知ることは、教師にとっては新たな世界への関与である。
> そこにある背景や素材を考えることが、これからの公民を育成することにつながる。
> だからこそ
> 報道関係者との共同作業を、NIEなどのかたちではじめたい。
> さまざまな現代的課題や時代のニーズに応えていくために。

多忙な現場で、何をどこまで扱うのか、まさに混沌としてきました。しかし、NIEはそういった現代的課題を丸ごと扱うことが可能であり、時代のニーズを学校教育に無理なく取り入れることができるのです。

新聞記者との懇談（香川県NIE研究会）

特別にNIEを扱うという認識ではなく、NIEを手段として多くの内容を扱うことで、時間的なゆとりが生まれるでしょう。また、教師は、NIEを通してメディアについて学ぶ機会が生まれます。これが重要なのです。

また、メディアとどう向き合うかを考えることが教師の視野を広げることにつながり、本書で述べてきたようなメディア対応のスタンスが、自然に理解できるのです。メディア対応とは、テクニックで済むことではなく、どういうスタンスをとるのかが重要であり、それは多くの教師にとっては新たな世界への関与です。「狭い」「世間知らず」と言われる教師文化から脱し、新たな考え方や価値観を学ぶことが、実は現代の教師の資質向上のための最も近道なのかもしれません。

通常のNIEでは、新聞を使うという点に特化しています。筆者は、新聞の読解にとどまろうとは思っていません。新聞を作る側、読む側を架橋し、そこにある背景や素材を考えることが、これからの公民を育成する際に重要な役割を果たすと考えています。

だからこそ、新聞記者との共同がポイントです。それが互いに高めあう契機となり、ある意味、立場的に優劣を感じない人間関係を構築するのです。もともと、取材する側とされる側は、すでにどちらかが優位の立場になっていますから、共同しにくいのが実情です。

これまで、メディアを知ることの大切さをいくつかの事例で述べました。また、記者との共同の重要性も述べてきました。しかし、具体的にどうすればいいのかという声も聞こえます。具体的に、学校現場でできる手法があります。

第Ⅰ部　メディアに対応するための実践知　　38

それが、報道関係者との共同作業を、NIEなどのかたちではじめることなのです。共同での授業づくりや新聞づくりを通して、互いの文化の違いもわかるでしょうし、それまでは考えもしなかった授業構成も出てくるでしょう。NIEを学校に取り入れてみませんか。多くの教師が、新聞などを授業で頻繁に活用することで、子どもたちの生きる力、学力の向上にもつながると、確信をもって言い切れます。

第Ⅱ部 メディアとの対話

メディアとの対話を2編提示します。そこに、第Ⅰ部で述べたことの根拠を読み取っていただけると思います。また、記者との共同の姿勢も読み取っていただきたいと思います。

ひとつは、2007年4月28日に、四国新聞社の黒島一樹記者と行った対談の記録です。黒島記者は、教育記者クラブを中心に取材活動を行っており、現在NIE（新聞活用教育）活動でもご協力いただいています。教育現場に精通している記者のひとりです。

もうひとつの対談は、2007年4月24日に、毎日新聞社高松支局の久門たつお支局長と行ったものです。聞き手は本書出版社の編集部の方です。久門支局長とは、取材を介したおつきあいもありますが、一緒に地域で清掃を行ったり、大学でも友情出演での講義をお願いしたりという関係です。なお、筆者は、毎日新聞四国版のコラムを2005年11月から担当しています。

1 黒島記者との対談

●ぶつかり合いから始まった信頼関係

——お二人は、以前からお知り合いだったのですか。

阪根 最初は大げんかで始まりました。

黒島 そうでしたね（笑）。

阪根 私が県教育委員会に勤務して、生徒指導担当の指導主事をしていたときでした。黒島記者から「ある学校で体罰があったんじゃないかという情報を得た」と、お電話があったのです。「何でも体罰と言っていいのかどうか。そんな決め付けはおかしいのではないか」と、その場を対応しました。

41　1　黒島記者との対談

黒島 その態度に「あ、これは隠蔽にかかっている」と思いましたね。核心を、かまをかけて、突っ込まなかんと思いましたね。

阪根 私は、この記者も、どこかで情報を少しは聞いているけれど、訳のわからない正義感を振りかざしてきた若い記者かと思い、ややけんか腰になりましたが、ともかく「じゃあ、僕が今から調べる。で、直接会って話そう」って言いました。やや感情的になり、あとで後悔しましたが……。

黒島 「来い」っていいましたもんね（笑）。

——確かに、調べてみないと話はかみあわないですね。

阪根 そうです。早速、当該の教育委員会や学校に照会をかけ、体罰の有無を調べました。ところが、実際に体罰的なものは存在したのです。困ったことになったと思いました。もし、これを紙面にされた場合にどうなのか、心配もあったのですが、上司の承諾を得て「実は、調べたところ、体罰はありました」と正直に話し、記者に判断をまかせたのです。

黒島 もちろん、私もある程度わかった上で聞いていたんです。メディアの人間は、教育委員会や学校などに取材するときには、情報を小出しにして聞いていきます。自分のもっている情報と齟齬をきたすのではないか、確認しながら聞いていきます。ただ、ある程度知っているのに知らん振りをして聞いていくのが常套なのです。

——多方面から情報を得て、総合的に判断するのですね。

黒島 ええ。しかし、あのときには、こちらが既に聞いている範囲のことを網羅して話してくれて、さらに全く知らないことを説明していただいた。こちらも、元々の聞き取り情報に、やや偏った見方もあるかなという心配があったのです。それでも、聞いても学校も教育委員会も何も言わないだろうと思って、あくまで体罰があって怪我をしたという事実を記事にしようとしていましたけれど、その話の内容のほとんどが自分で調べた事実と食い違いはなく、実際、体罰らしきものもあったし、明らかに怪我をしていたとすれば、「あ、これは記事化されても仕方ない」と思いました。それなら誤解のないように「正確に」記事にしてもらおうと直接話し合ったわけです。ところが、最終的に記事にはなりませんでした。

黒島 全部説明いただいて、「教育委員会がここまで言っていいのか」と驚きました。知り合って10年のつきあいとかならわかりますが、当時の初対面の関係でここまで言うってことは、ある意味、僕も試されていると。

阪根 教育委員会で、こういう場合に一番難しいのは、どこまでメディアに説明したらいいか、そしてそれを上司に伝え、いかに決裁をもらえるかですね。この場合、私は「ある記者が体罰事案をつかみ、取材があった。緊急に調べた結果、実際に体罰は存在した。他社はつかんでいないけれど、ここでは事実を話したほうがいい」と進言した結果、上司がまかせてくれたのです。

黒島 こちらも、すでにデスクに上がっていたんです。大きな記事でいけるとはわかりませんが、いけそうです（記事にできる）と話しました。意気揚々でした。話を聞いて、帰って原稿を書きました。書いた上で、やっぱり背景が複雑すぎる。先生が手を出したのは間違いないが、さっき聞いたような状況で思わず手が出た先生の子どもへの深い思い、それが阪根先生の話と親の話を総合すると、何やらわかったのです。個人的な意見ですが、こういった事案での報道は、体罰以外の手段があったときのみ、教育現場の問題として報道する必要があると考

えています。このケースでは、体罰に至った理由を全部書かないといけない。しかし、それが子どもや家庭にとっていい結果にならないと判断したんです。

―― デスクは納得してくれたのですか。

黒島 デスクの対応もいろいろですけれど、その際は、「そこまで取材した上で、そういう判断をするなら、現場の空気、判断を尊重してもいいだろう」と。体罰の情報は、その頃は、月に1回くらいはありました。ある意味で記事にするか否かの過渡期でした。メディアの基準も、記事にするかどうかは、理由の如何に関わらず、子どもが怪我をしたかどうかなのです。現場の先生は、こういう結果論的なところに、意図や過程を大事にする教育現場との矛盾を感じるのかもしれませんね。

阪根 確かに意図や過程は大事なのですが、一番まずい点は、結果や問題を知っていても知らないと言い通す、いわゆる隠蔽体質なのだと思います。ただ、マイナス情報はできれば出したくないわけですから、そこは記者との間に信頼関係をつくらないといけないのですが、初対面ではそうは言っておられません。そこで、一番は疑念をつくらないことだと思うのです。結果論ですが、当初のぶつかり合いのときに、直接会おうとした

こと、真摯に調べてできるだけ正確に伝えたことで、そういった疑念を払拭できたのでしょう。あわせて、記者自身の資質にもよりますね。けんかから始まりましたが、直感的に、話せる記者だと感じたのでしょうか（笑）。

——では、阪根先生と黒島さんは、それ以来、強い信頼関係ができたのですね。

阪根 仲良くしても、一線は引いていますね。知っていることを洗いざらい話すわけではない。

黒島 決して同じ側ではないですね。一定の緊張関係がある。

阪根 守秘義務があって、絶対に言えないことは言わない。こちらの立場も察してくださいなどと、甘えたこととも決して言わない。お互いがある種、「信頼関係をもった緊張関係」にあるのでしょうね。

——確かに、メディアと学校が馴れ合って、読者の側に何も見えてこないのでは困りますが、その関係の維持は難しいでしょうね。

阪根 結局、教育も報道も誰のためか、何のためか、そのための緊張関係を維持しているのです。県民や子

●信頼関係をもった緊張関係

ものためですね。それは、"保身"の対極にあると思います。

黒島 記者からすると、"功名心"の対極でしょうね。馴れ合いにならないのは、そもそも、新聞記者の多くは、学校を全肯定していないことから始まっています。記者と教員は、人間のタイプとして少々違うように思います。私もそうですが、新聞記者は往々にしてひねくれていて、おそらく、中学校や高校で、学校に対するいいイメージは持っていない。学校の先生は、学校が楽しかったからなるんじゃないですか。少なくとも、学びも仕事もで、一生学校にいる。

阪根 確かに（笑）。

黒島 これは自分たち記者とは異質な集団に見えるのです。

阪根 集団としてはそういうこともあって、最初から否定的になってしまうような不幸な関係になると残念ですね。実は、個人個人では、記者も教員も多様なのですが。

黒島 はい。リアルな情報をくれない人には、はなから取材にいかないですね。嗅覚でわかる。ですから、まずは周辺から情報を得るのです。

阪根 その頃、私は生徒指導担当の指導主事で、不祥事関係の情報が集まる立場だったのです。ありがたいことに、上司（課長）は自分からはあれこれ言わなかったのです。こういった対応を私に一任してくれました。そこに、相当の勇気があったと思います。

——先生と黒島さんは、そのことだけで、今のような信頼関係ができたのですか。

阪根 以前からNIE（新聞活用教育）を学校現場で行っていまして、その勉強会にお誘いし、そこで相互理解を深めたと思います。そういう中では、報道と教育の間で、不毛な争いはないですね。もちろん、駆け引きはありますけれど（笑）。

●クールな取材とホットな記事

黒島 警察関係とか学校関係の取材は、若いなりたての記者がすることが多いのです。不祥事の取材をする人の多くは若い記者ですね。たいてい、1年生や2年生がいく。元気だし、正義感が強いんです。

阪根 わざと挑発してくる人も中にはいますね。

黒島 私は基本的には、自分を消した取材をします。あくまで、取材はクールに、記事はホットに。

阪根 地方紙の記者と全国紙の記者という違いもありますね。

黒島 不祥事があって学校にいく場合、地元紙の場合、記者が各市や町にいて、基本的に校長や教頭を知っています。初対面ではないわけですから、ちょっと話せる関係にあります。ところが、全国紙ですと、初対面の場合が多く、互いに警戒すると思います。この違いもあると思います。

阪根 そうですね。問題なのは、互いの信頼関係のないところで、ある種、ぶつかり合う場合ですね。片方は出したくない、片方は聞き出したい。そのような場合に、取材がホットすぎると、両者とも悪意がないのに、こじれてしまう。テレビ取材の際には、わざとマイクを突き出して、それを振り払う映像を撮るようなことをする人もいる。わざと怒らせているように思えます。そういうホットな取材態度をクールな取材態度にする知識や準備が、私たち教員側に必要だと思います。

——具体的にはどういうことですか。

阪根 相手は、こちらを怒らせたいのではなく、記事になるような事実がほしいのです。その出し方がまずいから、挑発してきたりするのです。また、他社に出し抜

45　1　黒島記者との対談

かれた場合に、後追い記事として、これまでの内容以上の情報を付加して出したいと必死になってしまうわけです。そこで、全社一斉に情報提供することができる記者会見の場を設ければ、個別対応もしなくていいし、ホットな取材をある程度抑制できるのです。ただし、記事の締め切りにぎりぎりの時間帯に設定したりすると、記者もホットになってしまうのですが……。

阪根　それから、まずいなと思うのが、何を言っているのかわからないしゃべりをする先生ですね。

──あれこれ考えながら、一生懸命なのでしょうけれども、一度言ってしまうと取り返しがつかないですよね。

阪根　そもそも、記者会見に想定問答さえ準備しないで臨む人もいますからね。危なっかしくてしょうがない。記者会見はそんなに甘いものではないのです。私もさまざまな経験があります。

黒島　ぐちゃぐちゃ言われると、こちらは端的な表現を求めざるを得ません。「では、これでよろしいですか」とあえて確認しても、相手が「ウン」と言わない。じゃあ、どういうことですかとなり、結果的に不毛な言い争いになることもあります。

阪根　で、今度は、教員側が黙りこくってしまう。

黒島　すると記者は、「これは何かある」と。「お宝が眠っている」と思うんです。

阪根　つまり、記者を納得させる必要があるのです。ことがらの背景をある程度つつみかくさず、腑に落ちるように話すのです。そうすれば、感情的な対立にならず、いい記事になります。たとえば〝いじめ〟があった可能

●何を言っているのかわからないのはまずい

黒島　ところが、記者会見を変な時間に設定する場合があるんです（笑）。

阪根　朝6時とかね（笑）。いろんな目論見があるんでしょうけれど、おおかた、はずれですね。

黒島　あと、夕刊記事の締め切り直前とかに会見があると、記者は焦ってしまい、自分の原稿の社会的影響とかをゆっくり考える時間がない。

阪根　だいたい午後の2時前後がいい時間帯でしょうね。記者の心も落ち着いているので、お互いに焦らない。どういう心理状態で記事を書くかで大きく違います。

黒島　はい。その時間ならば、余裕をもって文章を書き、検討することができますね。

性があるときに、断定できない場合であっても「いじめがあった可能性も考慮に入れて調べています」とか、端的に最初に言ってから、その説明をすればいいのですが、あれこれとわかりにくい説明から始めると、記者はいらだってしまいます。

——そのようなとき、かなりきつい取材姿勢にもなりますが、それは、学校側にしっかりしてほしいと実は記者も願っている、また、そのくらいの厳しさではびくともしないという、学校側への信頼感も根底にはあるのではないですか。

黒島　学校と家庭とで比べると学校の側が強い側であり、ジャーナリズムとしては、社会的弱者の家庭の側に立つということがどちらかといえば多いのかもしれません。

阪根　しかし、学校側も生身の人間であり、見かけ以上にショックを受けていることがありますから、どうしてもぐらついてしまうのです。学校側もそういった意味で、事前のシミュレーションが必要ですね。

黒島　その点の想像が大事ですね。また、学校現場を支える仕組みも必要だと思います。

● 危機対応のスタンスが大事

——先生方にとっても、自分が管理職のときにある可能性もわかかないかわからないようなことのために、十分な準備もできていないし、ましてや、そのような記者会見の場に慣れてもいないですよね。

阪根　いろいろと本や研修などで学ぶ機会は増えつつあると思いますが、危機管理のノウハウの一般化には限界があると思います。

黒島　どのように話していただくのかで、こちらは、書くときに気持ちが違います。ある意味、先生に往生際のよさを求めているのです。

阪根　それができないというのは、隠蔽することでかえって傷が大きくなるということがわからないでしょうね。

——隠すことで短期の信頼を得ようとして、かえって、長期的な信頼を危険にさらしているのですね。

阪根　そういうことだと思います。細かいノウハウよりも、その態度、スタンスの問題です。

黒島　私たちは、ある程度取材してからいきます。噂だけで動くことはまずありません。むしろ、噂だけで変にあたるとまずいことになりますので、こそこそ取材し

てある程度事実を固めてから学校に取材にいきます。

――それを、隠せると思うほうが間違いですね。

阪根　しかし、メディア対応は至難の技です。話を聞いてできるようになるわけではないのです。また、私自身、過去に、メディア対応の失敗もしています。皆ができるようになるのは難しいにしても、このノウハウ、いやむしろ、このスタンスを理解し、対応できる若い教員が出てくることを期待し、現在危機管理の仕事にかかわっています。

● 専門の広報担当者の必要性について

黒島　どんなに校長などが準備できていても、すべての責任を負うのは無理ではないでしょうか。学校現場ではなく、県教委で対応はできないのでしょうか。ある程度、校長から話を聞き、訓練された専門家が一本化して対応してはどうでしょう。私たちも、阪根先生のところで、確認的に話が聞けて検証作業ができ、その上で記事が書けたと思います。

――そうですね。教育委員会に、スポークスパーソンというような立場を制度化し、内閣でいえば官房長官のようにきちんと対応するというようなことはできないのでしょうか。

阪根　山口県では、危機対応のサポートチームを教育委員会に置いて、現場の招請で動くような仕組みがあるようです。しかし、そのようなすばらしい仕組みも、現場の校長が事なかれ主義や短期的考えでの保身であっては、活用されないでしょう。使う側が問題なのです。招請する際の判断です。「呼んだら教育委員会にばれる」とか考えているようではだめなのです。

黒島　隠した結果、より大きな問題になってしまう可能性を予測できるかどうかですね。

阪根　そうですね。その可能性が仮に小さいとしても、もしも起きたら、そのダメージは計りしれません。

黒島　学校側が言うことを、すべて疑うことになってしまいます。

阪根　いわば、ダメージ・コントロールの失敗です。最初の問題から派生する問題も含めて最小化するかどうかです。

――その失敗で、どうなりますか。

阪根　信頼を失って叩かれると、本当に一生立ち上がれないくらいのショックになると思います。メディアに叩かれて学校をやめたというケースもあります。せめて、

——　危機の際のことを、一通り知っておくだけで違うだろうと残念で仕方ありません。たとえて言えば、初めて行く道をナビを使いながらモタモタ行った場合、うまくいけばいいのですが、遅刻どころかあわてて事故を起こすこともあります。せめて、大雑把であっても地図を頭に入れておけば、解決の大きな方向性を見失わないで済みます。

——野次馬根性や覗き見趣味の取材と、良質なジャーナリズムの違いはどこにありますか。

阪根　好奇心と野次馬根性は、紙一重ですね。相手の迷惑を想像できる力でしょうか。

黒島　たとえば、教師が事故を起こした場合でも、その人の名前を載せないことが多いです。社会的に制裁したいのではなく、そのような事象があることを報道することで注意を喚起したいというのが本社のスタンスですね。

——大事な点ですね。

阪根　誰かを責めてすっきりするための取材ではなく、みんなの問題として一緒に考えるための報道なのですね。

阪根　ゴシップ記事は、問題を個別の他人事としてしまうために、プライバシーにも踏み込むような取材スタンスで書かれているのです。反対に、黒島記者のような報道姿勢では、多くの人にかかわる普遍的問題として共有するために書くので、個人的事情の報道が最優先ではないのでしょうね。

黒島　必ずしもそれができているとは限りませんが、その方向を目指しています。

阪根　報復やみせしめのための取材でも報道でもない、

●メディアも多様

——でも、メディアも新聞のように慎重なものもあれば、一部のワイドショーのようにかなり断定的に、かつ断片的に報道する傾向が強いものもあります。そのような取材にはどのように対応されているのでしょうか。

阪根　そういう取材も、ままあります。あくまで疑って、しつこく探ってくる場合もありますので、まずは自分で徹底的に調べておいて、ある程度自信があれば「ご自由にお調べになって結構です」と言い返します。相手はこちらが隠すのを喜びますので、あえて「調べてくれてかまわない。調べて何か出てきたら教えて」というスタンスで臨みます。もちろん、校長など関係者に、こちらがしつこいくらいに確認をとってからです。

の報道姿勢の方と私たちは、目的が同じなのです。同じ問題や不幸を繰り返させない、よりよい明日のため

●学校とメディアの今後のあり方

阪根 そのような報道姿勢に接して学んでゆくために、黒島さんを招いて授業をしたこともあります。授業中に新聞記事から学ぶのはもちろん、中学生が新聞などに意見を投稿したり、大学生と記者がゆっくり語り合う場を設けたりしています。

——それは、NIEの枠を超えているように思いますが。

阪根 基本的には、NIEです。まあ、NCE（ニュース・コミットメント・エデュケーション）とか言ってもいいかもしれませんが……。

黒島 記者は決して特別な人間ではない。NIEの授業に参加するときは、そんな「等身大」の部分を分かってもらうよう、率直に話すようにしています。記者は、頭でっかちの机上の論理に陥っているのではないか、という不安を常に抱えており、生の意見、苦言に耳を傾けることで、自らの筆を見つめなおすこともできる。地元新聞社のNIE担当として、教育の現場に入れる「特権」

を持つ立場は正直、恵まれていると思います。

阪根 ともあれ、「記事の向こうに人がいる」というスタンスで向かうべきでしょう。人と人とのコミュニケーションそのものが問われているのでしょう。その上で、学校とメディアが対等につきあうスキルを、教育関係者が身に付けておけば、ダメージは最小に抑えられると思います。私自身、明日、自分自身が事件事故に遭遇するかもしれません。事件事故を起こさない対応はもちろんですが、あってはならないことが起きるのが現実ですから、今必須の能力かもしれません。

——たいへん勉強になりました。今日は、ご多用のところ、本当にありがとうございました。

2 久門支局長との対談

● 全国紙と地方紙の違い

阪根　率直におうかがいしますが、全国紙と地方紙の違いとは何ですか。

久門　全国紙というのは、北海道から沖縄まで、さらに世界各地に自社の記者を配置して取材活動をしています。地方紙は一般的には本社の所属する府県、あるいは隣県、そして情報の集中する東京に自社の記者を配置して取材活動を行い、自社の記者を配置していない国内や国外の情報は契約している通信社から購入しています。全国紙は重要な問題について本社と支局が協力して全国一覧の表にするなど総合的に記事化するのが得意です。一方、地方紙は地域のニュースが詳しく掲載されるのが特徴です。

阪根　まずは、全国紙の仕組みを知りたいですね。

久門　全国紙であっても、例えば東京と大阪で全く同じ紙面というわけではありません。毎日新聞で言えば、東京本社制作と大阪本社制作では1面や社会面が違うことがしばしばあります。さらに中部本社（名古屋）と西部本社（北九州）もあり、4本社それぞれに編集部門の統括者として編集局長やそれに準ずる人がいます。全国共通ニュースと各本社管内のニュースのバランスをとりながら1面や社会面などをつくっているのです。各本社には府県庁所在地や拠点都市に支局（または総局）が置かれ、それぞれに責任者として支局長（または総局長）が配置されています。

阪根　1つの新聞社に4つの本社という構成は、どうも理解しにくいですね。

久門　登記上の本社は東京ですが、独自の編集権をもっている東京、大阪、西部（北九州）、中部（名古屋）を本社と呼んでいるのです。今年3月に石川県の能登半島で大きな地震がありました。石川県は毎日新聞、朝日新聞とも大阪エリアです。一方、読売新聞は東京エリアなのです。

阪根　各本社に担当の領域があるのは面白いですね。それがどういった点で違いとなるのですか。

久門　石川県の県庁所在地は金沢市ですよね。毎日新聞は北陸総局、朝日新聞は金沢総局があります。両社とも大阪本社管内にあるので、応援の取材記者、写真記

者は大阪本社からの人たちが中心になります。逆に読売新聞では東京エリアからの応援がメーンです。そのため、新聞では東京エリアからの応援がメーンです。そのため、紙面扱いで見ると、毎日新聞、朝日新聞では東京より大阪が、読売新聞では大阪より東京が比較的大きくなるようです。自分の本社エリアの記事を多少でも大きく扱うという意識も編集記者にわきます。

阪根 ということは、全国紙でも地域を意識するのですね。

久門 はい。本社エリアから出稿された記事、写真を優遇するのも全国紙のひとつの妙味です。そのために全国をいくつかに分けて本社があるというわけです。でも、府県単位となると、毎日新聞では香川のニュースを掲載するのは香川面と呼んでいますが、ニュース量では地方紙にはかないませんね。

阪根 全国の他の本社への配信(全国送り)は、各県の支局が独自に決めているのですか。

久門 それは各本社レベルです。でも、出稿する各県の支局としても、基本的に全国配信を想定しています。これはどの全国紙も一緒と思います。記事内容から、これは大阪本社だけにしておこうとか、他本社すべてに配信しようとかいう判断は各本社の地方部(支局の統括をしている部)などで決めています。

阪根 何か身近で、面白い話はありますか。

久門 記事の分量が大幅に変わった例をお話しましょう。今年も4月に琴平町で「こんぴら歌舞伎」が開催されましたが、今回は人間国宝の坂田藤十郎が襲名後、初の登場ということで話題性がありました。支局は大阪本社と相談して、1面のカラー写真候補とし、初日に大阪本社写真部員も取材に来ました。ところが、その日、国会で国民投票法案委員会強行採決というニュースが飛び込んできて、1面のカラー写真は強行採決の写真を使おうということになりました。支局としては香川のニュースを全国配信したい気持ちは山々ですが、憲法改定にからむ国会の動向は国民にとって重要なことは言うまでもありません。そのため、坂田藤十郎原稿は最初は1面で40行程度を考えていたのですが、社会面の20行弱の記事となり、写真もモノクロになりました。それでも、話題性があるので他本社に配信はされ、全国の読者に読んでもらうことができました。

阪根 大変ですね。ところで出稿字数は事前に決めているのですか。

久門 どれくらいの行数にするかは、まず支局が考え、

それを本社と話し合って最終的に決定します。しかし、実際となると、専門家の談話を15行追加しようとか、逆に扱いを小さくせざるをえず、10行あるいは20行短くすることもあります。このように新聞記事は「生き物」なのです。

阪根 「生き物」とは含蓄のある言葉ですね（笑）。

久門 実感として、やはり生き物ですね。さきほどの坂田藤十郎の記事ですが、行数は最初の半分ほどの20行弱になりましたが、情報はぎっしり詰まっているのです。大切なのは活きのいい最新情報をいかに盛り込むかです。瀬戸内海は魚種が豊富で四季折々おいしい魚が多いのですが、その魚を取る漁師が支局の記者、送られてきた原稿・写真という魚を紙面に盛り付ける料理人が本社の受け手の記者というわけです。

阪根 記事は盛り付けも大切なのですね。逆に見出しが鮮烈で、われわれ教育関係者には手痛いものもありますが、このあたりの仕事分担はどうなっていますか。

久門 外で取材したり、写真を撮って記事に仕上げたりするのが取材記者。外勤記者とも言っています。本社で見出しをつけたり、扱いを考えたりするのが編集記者です。私は、編集記者を、現代史を記録する職人だと考えています。

阪根 それぞれの役割が大切なのですね。ところで、「私はあれだけ話したのに載っていない」という苦情はありませんか。もし、そういうことがあれば、取材記者はつらいのではないでしょうか。

久門 相手方が過大な期待を抱くような取材は慎むようにしています。ですから、私自身はそのような苦情を受けたことはありません。大事なのは、その種の苦情があった場合、掲載できなかった理由をきちんと説明することで、それが、記者がつくり上げる人間関係なのです。つまり、人と人の機微です。そこから信頼関係が生まれ、次の取材にもプラスになるのです。

● もし教育関係の事件が飛び込んできたら

阪根 確かに人間関係が重要ですね。これは、教育と全く同じだと思います。さて、いよいよ本題に入ります。もし支局に教育関係の事件が飛び込んできた時は、どのような動きになりますか。

久門 例えば、あの大阪教育大附属池田小学校のような大きな事件と、どこかの教諭が不祥事で逮捕される事件では違ってきます。大きな場合はまず大阪本社に一報

を入れます。間違った情報の可能性もありますが、それも想定した上で連絡するわけです。本社で協議してもらい、ヘリコプターを飛ばすとか、応援記者を出すとかという対応になるのです。

阪根 大きな体制での取材になることもあるのですね。その場合の判断は支局長の役目ですか。

久門 編集面で中心になるのは常時、支局にいるデスク（次長）です。大きな事件発生の際、支局長が支局にいるかどうかで変わってきますが、デスクが支局長と相談するなどしながら本社に一報を入れることになります。学校現場は校長中心で、教頭は校長の補佐役ですが、支局の編集面ではデスクが大きな役割を担っています。

阪根 当然そういった事件の場合には、締め切り時間は重要だと思うのですが、全国紙の締め切りは何時ごろですか。

久門 毎日新聞は香川では夕刊は配っていませんが、全国で見ると朝刊だけの配布地域と、朝夕刊両方の配布地域があります。大きな事件などの場合は高松支局から夕刊用に記事を送ることもあります。ですので、締め切り時間は朝刊と夕刊の両方があり、しかもそれぞれ早い版と遅い版があります。最終締め切りは朝刊なら午前２時前、夕刊なら午後２時前です。

阪根 学校に取材される際の学校側の対応についてうかがいします。どんな場合が一番問題だと考えていますか。

久門 最もまずいのは隠蔽体質ですね。校長らが取材陣に対応されるわけですが、「差し控えたい」「現在調査中」などという言い方で事実関係を把握しないケースがあります。取材記者としては事実関係を公表しないと、その事件の意義付け、価値判断ができないわけです。記者としては放置できない内容と感じ、周辺に取材することになります。最近の例としては、高校での世界史の未履修問題がありました。さまざまな背景があって生徒のためを思ってという面もあるでしょう。受験体制の中での必要悪だったかもしれません。しかし、どういう形であっても、事実だけははっきりさせ、実態をきちんと公開する必要があります。その結果、批判を受けるかもしれませんが、逆に学校側の思いも保護者や関係者に伝わるのです。

阪根 確かに、一部の学校に隠蔽的な体質がありましたね。ただ、ある意味やむを得ない事情もあったのではないかという現場の声がありますが……。

久門 事実関係の公表に関して、学校現場は教育委員会事務局の、教育委員会事務局は教委幹部らのそれぞれ承諾を必要と考えていますね。組織ですから仕方ない面もあるでしょう。プライバシーの問題もあります。しかし、隠蔽で事態が好転するかと言えば、逆です。スピーディーに公開したほうが解決に近づくのは、これまでの数々の事例が証明していると思います。

阪根 もし、教育問題が起きた時に、記者会見などではどんなところが気になりますか。

久門 記者会見を開くということは、集まってきた新聞・通信・テレビの記者に対して、事実をわかりやすく伝える場であると考えてほしいのです。そこでは、これまで確認できたこと、まだわからないこと、あるいは、今調べていることなどがあります。それらをきちんと区別して説明すべきなのです。残念ながら区別した説明にならず、あやふやな記者会見が多いのが現実です。校長か教頭が「これまでにわかったことからお伝えします」という形で始めていただいたらいいのではないでしょうか。いろいろな要素がまとまってからだと時間がかかりますので、まだ一部しかまとまっていない段階で1回目、さらにまとまった段階で2回目という方法がいいと思い

ます。いずれにしても「いつ・どこで・だれが……」という基本的なことが大切ですね。

阪根 5W1Hが大切ですね。しかし、何やらけんか腰になっている会見もありますね。これは、どういった心理状態からですか。

久門 事実をしっかり説明せず、「まだわからない」だけで質問を回避しようとして取材記者の疑念を招く場合だと思います。疑念を招くと学校側への不信感が募ることになり、追及調になることもあります。

阪根 記者に疑念を起こさせないことが大事なのですね。

久門 記者会見は明確にオープンに話してもらうのが第一ですね。そうした説明に、記者は「なるほど」と信頼感をもつのです。あいまいな説明に終始されると、「これもあれも」と追及の姿勢にならざるをえないのです。

阪根 特に難しいのがプライバシーの扱いです。プライバシーの部分を、記者会見でどう扱うかがポイントだと思います。

久門 これはとても大事なことですね。関係者や保護者の住所、氏名、年齢や学校名、学年、あるいは職業、

● メディアの特性を知る

さらに家族構成などを聞きます。われわれ報道関係者も事実確認で必要な要素などですが、事件の内容に即してプライバシーにももちろん配慮します。会見では、これはなぜ言えないのかをきちんと説明しないと混乱します。

プライバシーを盾に重要な内容まで説明回避してもらっては困りますよ、という思いは記者にありますからね。

もうひとつは、プライバシーにかかわる内容の報道は最終的に各社が慎重に判断しますから、もし、オフレコ希望という場合はその理由を具体的に示すことです。事実関係を教育現場のほうで開示してもらった上で、オフレコ希望はこれであるという形で明示すればいいと思うのです。後は報道側が責任をもって判断することになります。

阪根　取材記者って、腑に落ちなければ書きますね。

久門　プライバシーへの配慮と真相解明は両立しないことがあるかもしれません。いずれにせよ、記事を書いた後、取材記者にデスクから質問が来るわけです。その時に学校側がなぜ言わなかったのか、記者自身も説明できないといけません。だからこそ、学校側の説明の仕方が大切なのです。その結果、学校側の説明だけで不十分なら、関係者ら周辺から取材するしかないのです。

阪根　メディアスクラム（集合的過剰取材）が問題になることがありますが、それを止める方法はあるのでしょうか。

久門　事件が起これば報道関係各社から記者やテレビクルーが駆けつけます。だからこそ、記者会見は重要です。場合によっては、報道各社が自制して代表取材という方式もあります。われわれも周辺に迷惑をかけるのが本意ではないわけですから、代表取材などの申し合わせをすることもあります。

阪根　しかし、いじめ問題などでは学校側には厳しい報道が続いていますね。これは悩ましいところです。

久門　事実関係をきちんと説明される学校や教育委員会には追及調にはなっていないと思いますよ。事件の報道のされ方に一喜一憂するよりも、学校や教育委員会はその後の対応をしっかりとしてほしいのです。それが逆に地域からの信頼につながります。

阪根　取材記者にとっては、締め切り時間の関係で、取材のあり方も変わってくるのではないかと思うのがいかがでしょうか。

久門　取材記者は常に頭にあります。平日の午前11時

に全国ニュースになりそうな事件があったとしましょう。夕刊用に記事は送りますが、事実関係中心の概要のみの内容になりがちです。概要のみということは、関係者にとっては言葉足らずと思われるケースがあるかもしれません。そうならないために報道各社も懸命に取材するわけですが、関係者の的確な説明も必要なのです。逆に夕刊時間帯が過ぎた午後2時以降ならじっくり吟味する時間もあることになります。

阪根 厳しい話ばかりでしたが、逆に、学校がプラス面で新聞に掲載してほしい時はどんな対応が必要でしょうか。

久門 提供資料はA4用紙1枚に概要を書いたものでいいと思います。記者がぜひ取材してみたいと思うように、わかりやすく発信してほしいですね。

阪根 どうも学校は説明が上手ではなく、多くの資料を出しがちですね（笑）。

久門 楽しい話題も待っています。

阪根 最後に支局長はなぜメディアを職業として選んだのですか。

久門 社会と人に対する好奇心でしょうか。人のさまざまな思いや活動を記事にして世の中の面白さを伝えたり、平和や環境の大切さを訴えたりしたいと思ったためです。だいぶ昔ですが（笑）。

阪根 いいえ、今もその情熱はしっかりと感じられますよ（笑）。しかし、そういった思いは、教育と一緒なのですね。

久門 報道と教育の世界は似ていると思います。ともにコミュニケーションによる理解と信頼が大事だということですよね。

阪根 お忙しい中、ありがとうございました。有意義なお話が聞けました。

● おわりに

教育事件においては、学校の対応のまずさの影響がその後に大きなダメージとして残っています。これをいかに防ぐかがポイントです。そのためには、隠蔽することの問題点や、記者の仕事や人となりを教師側が理解することが前提です。そして、どのような対応が真実を伝え、学校への長期的な視点でのダメージが少ないといった点を教師が認識することが重要なのです。

昨今のメディア対応のノウハウは、ともすると現場にはテクニックとしてしか伝わっていません。また、場合によっては、企業の対応をそのまま学校に導入しようとしています。筆者は「記事の向こうに人がいる」という発想で、これまで対応してきました。記者の思いや人間関係などは、ノウハウで簡単に語れるようなものではない人間的な世界であり、誠実な記者には真実への鋭い目があると思っています。

これまで筆者は、学校側とメディア側の双方の、価値観とか文化の相違を埋める仕事をしてきました。この「埋める」という仕事の蓄積が、結果的に大きなトラブルを回避させてくれたように思います。それは、何か外敵に対応するというような仕事ではなく、つなぐ仕事なのです。保護者とのつなぎも、報道とのつなぎも同じことです。まさに、人と人を「つないでいく」という発想と作業なのです。

「つなぐ」仕事も含め、メディア対応の技量を高めるためには、多くの記者たちと交流を続けることが重要です。本書は、経験や実践から得た暗黙知をまとめたものですが、細部をノウハウとして読むというよりも、こんな視点や態度もあるのだとお気づきいただければ幸いです。

なお、本書をまとめるにあたって、企画のきっかけづくりをしていただきました大阪教育大学の戸田有一

先生には大変お世話になりました。戸田先生とはいじめ問題の国際フォーラムでもご一緒させていただき、その見識の深さに脱帽しておりました。本書の編集にも多大のご協力をいただきました。これも「つながり」なのです。また、発刊にご尽力いただきました北大路書房の関一明氏、柏原隆宏氏、メディアの声として対談にご協力いただいた四国新聞社記者の黒島一樹氏、毎日新聞社高松支局長の久門たつお氏には、この場を借りまして厚く御礼を申し上げます。

2007年7月　香川大学にて　拝

【著者紹介】

阪根健二（さかね・けんじ）

1954年　神戸市に生まれる
1979年　東京学芸大学大学院教育学研究科修士課程修了
　　　　同年から香川県坂出市内の中学校に勤務
1997年　香川県教育委員会事務局義務教育課主任指導主事
2002年　坂出市立白峰中学校教頭
　　　　1999年から2003年まで香川大学客員教授を兼務
2003年　香川大学教育学部学校教育講座准教授を経て
現　在　2008年4月より鳴門教育大学大学院学校教育研究科准教授
著　書　すばらしい子どもの力を生かして（単著）　香川県教育文化研究所　1985年
　　　　親として、教師として（編著）　美巧社　1987年
　　　　学校危機管理アイディア集（分担執筆）　教育開発研究所　2005年　他
研究領域　学校危機管理、生徒指導、ＮＩＥ
e-mail : schoolkikikanri-sakane@yahoo.co.jp

北大路ブックレット【03】
教育関係者が知っておきたいメディア対応
学校の「万が一」に備えて

2007年 8 月30日　初版第 1 刷発行　　定価はカバーに表示
2008年 7 月 5 日　初版第 2 刷発行　　してあります。

　　　　　　著　者　阪　根　健　二
　　　　　　発行所　（株）北大路書房

〒603-8303　京都市北区紫野十二坊町12-8
　　　　　　電　話　（075）431-0361（代）
　　　　　　ＦＡＸ　（075）431-9393
　　　　　　振　替　01050-4-2083

©2007　　　　　　　　　　　印刷／製本　モリモト印刷㈱
検印省略　落丁・乱丁はお取り替えいたします。
　　　ISBN978-4-7628-2581-1　Printed in Japan